Inglés

El secreto para hablar Inglés como un hablante nativo en 6 meses para personas con poco tiempo

Aprenda a hablar Inglés con un método exitoso

Ken Xiao

Su método ha tenido muy buen impacto en mi pronunciación en inglés. Todavía no hablo inglés como un nativo pero mi nieta ha dicho que mi acento ha mejorado mucho. Aunque mi idioma materno es el español; debido a que estudié en Alemania mi acento fue influenciado por el idioma Alemán pero ahora esta mejorando mucho. Por cierto, tengo 70 años y, a pesar de ello, mi pronunciación esta mejorando notablemente.

Noel L., Cuba

ESTE es el libro que todo estudiante de Inglés DEBE leer.

Crystal F. , Canadá

Después de 2 semanas, el cambio fue muy significativo. Lo más importante es que ahora puedo pensar como un hablante nativo y empiezo a creer un poco en mi subconsciente.

Dexuan L., China

¿Cómo pude haber aprendido a hablar Inglés tan rápido y sin tener acento? Con estos consejos pude hacerlo. Se lo recomendé a mis amigos que no dominan el idioma porque este libro me ayudó a mí y a otras personas que como yo querían aprender a hablar inglés de manera fluida. ¡Muchas gracias!

Farah A., Iran

Este libro le ofrece a los lectores una manera viable parar lograr hablar Inglés con fluidez. Es muy sencillo, directo, y lo más importante de todo es que cuenta con un enfoque y no quita demasiado tiempo a los lectores.

Joanne L., Hong Kong

Me gusta este libro y especialmente todas las sugerencias

de cómo mejorar el idioma y suavizar el acento. ¡Gracias!
Kasia L., Polonia

Hay tantos libros y específicamente libros de "ayuda" en el
mercado, que uno puede llegar a sentirse abrumado por
tener que escoger uno. Este libro, se enfoca en la fluidez
del idioma. Es un gran libro ya que cualquier persona
puede aprender con facilidad.
Leona Y., República Checa

Palabras de la editora

Antes de haber leído el libro, mis expectativas de su efectividad eran neutrales— Honestamente, no estaba segura si el plan de 6 meses que propone el autor sería una línea de tiempo realista para las necesidades de un aprendiz. De todos modos, comencé con una mente abierta y casi de inmediato me di cuenta de que mis dudas estaban infundadas.

La principal promesa del libro es ofrecerles a sus lectores un plan que hará su inglés más fluido. Después de haberlo leído, puedo decir sin lugar a duda que él rebasó su promesa inicial por mucho. Ken diseñó un régimen meticulosamente detallado que no sólo explica todo lo que uno tiene que hacer con el fin de mejorar su Inglés (incluyendo numerosas estrategias originales y consejos útiles) sino que también es muy motivante; anima al lector a lo largo de toda la lectura. Sin duda, este libro logró rebasar su promesa inicial, consiguió un cambio de estilo de vida.

Las estrategias que el autor ha descrito pueden aplicarse universalmente a cualquier idioma y recomendaría este libro a cualquier persona que desee mejorar su fluidez en un idioma extranjero (más específicamente inglés, ya que es el punto central del libro). ESTE es el libro que todo aprendiz de inglés DEBE leer. Lo que hace diferente a este libro, es la forma en la que el autor se conecta con el lector; de sus palabras, se puede percibir lo difícil que le fue no tener tan buen inglés y el triunfo que fue haber finalmente tenido éxito en comunicarse con fluidez. Este libro es reflexivo e inspirador y su genuino tono tocará profundamente a sus lectores.

Crystal Faqiri

ISBN-10: 0-9981632-4-4

ISBN-13: 978-0-9981632-4-6

Prefacio

 Hay tantos libros y específicamente libros de "ayuda" en el mercado, que uno puede llegar a sentirse abrumado por tener que escoger uno. Este libro, se enfoca en la fluidez del idioma. Es un gran libro ya que cualquier persona puede aprender con facilidad. Ken hace un trabajo increíble en hacer un libro fácil de leer y entender, es muy preciso y específico en enseñarte lo que se debe hacer para mejorar tu inglés, y lo más importante, hace que sea personal. Gracias a este toque personal, realmente puedes entender las emociones, las batallas y los triunfos del viaje de Ken. Él crea situaciones donde realmente puedes relacionarte con él y hace que el aprendizaje sea mucho más fácil.....¡y más divertido!

 Yo misma no soy una hablante nativa estadounidense. Nací en República Checa y llegué a los EE.UU. a los 4 años con mis padres. En aquellos entonces, como yo era una niña pequeña, entendí el idioma inglés bastante rápido, sin embargo, mis padres no lo hicieron. Como adultos, por supuesto, es mucho más difícil aprender un segundo idioma. Al no hablar ingles, tomaron cursos de inglés como segundo idioma en una universidad local y veían programas de televisión "fáciles de entender", que los ayudó a aprender el idioma pero si hubieran tenido el libro de Ken en ese momento, en la década de 1980, ¡realmente lo hubieran aprovechado!

 Ken está ansioso y emocionado de que este libro esté en tus manos. Él confía en que sus consejos y técnicas te ayudarán, ¡al igual que a él! ¡Estoy segura de que este libro te será muy valioso y útil y espero que lo disfrutes tanto como yo lo hice!

Leona Young

Acerca del autor

Ken Xiao

- Profesor de inglés
- Director de escuela
- Traductor, Departamento de Defensa de los Estados Unidos
- Dueño de una empresa
- Licenciatura en Ciencias, Tecnología de la Información
- Maestría en Ciencias, Estudios Espaciales
- Creador, MyFluentEnglish Fórmula
- Autor, Talk English: The Secret To Speak English Like A Native In 6 Months For Busy People
- Autor, English: Learn To Speak 80% Of Daily English Like A Native In 1 Lesson
- Autor, ESL: Focus To Speak English Like A Native: Learn English The Most Useful 100 Words

Tabla de contenidos

Haz las cosas que crees que no puedes hacer.
Eleanor Roosevelt

Introducción

Has estudiado inglés durante años, pero todavía no hablas bien. Has intentado muchos métodos pero todavía cometes errores gramaticales. Aún no puedes hablar inglés con fluidez y todavía no puedes pronunciar las palabras correctamente. Puedes leer, pero te sientes nervioso cuando hablas con alguien.

Las buenas noticias son que esto es muy normal. Simplemente has usado métodos ineficientes para aprender a hablar inglés.

Mi nombre es Ken Xiao. Yo estuve en tu situación, pero ahora puedo hablar Inglés como una persona nativa, y logré hacer esto en 6 meses sin gastar un solo centavo. En este libro te voy a enseñar cómo deshacerte completamente de tu acento y desarrollar un acento estadounidense o británico para hablar inglés como una persona nativa, y te enseñaré cómo hacer eso en tan sólo 6 meses.

En este libro, aprenderás:

* Cómo hablar como nativo en 6 meses o menos
* Cómo hacerlo sin esfuerzo teniendo una agenda muy ocupada
* Cómo hablar inglés sin tener que traducirlo primero
* Cómo aprender gramática sin tener que memorizar reglas gramaticales
* Como construir un vocabulario duradero
* Como hacer que pronuncies palabras en Inglés como un nativo estadounidense o británico
* Como hablar inglés con fluidez, correctamente y naturalmente al igual que un nativo
* Y mucho más...para hacer que hables inglés como un nativo.

Has estudiado inglés durante años, pero todavía no hablas bien inglés. La razón es simple: los métodos que utilizaste fueron ineficaces. Cambia tu forma de aprender ahora. Aprende del éxito de quien estaba en tu situación antes y está consiguiendo el resultado que deseas. Puedes tener éxito simplemente haciendo lo que yo he hecho antes. Sigue fácilmente las instrucciones paso a paso en el libro para alcanzar el nivel de fluidez más alto posible para que hables inglés como un nativo.

El hombre no es la criatura de las circunstancias, las circunstancias son las criaturas de los hombres. Somos agentes libres, y el hombre es más poderoso que la materia.
Benjamin Disraeli

1 — Si alguien que dejó la escuela puede, tú puedes. (Lectura indispensable)

En un pobre pueblo campesino, nació un niño. En su infancia, tuvo hambre. TANTA hambre que incluso después de más de 30 años, aún recuerda el hambre que había pasado. No había agua corriente, así que tenía que llevar a casa el agua de un pozo que estaba a medio kilómetro de distancia haciendo uso de dos cubetas. Él tenía siete años. Los cubos de agua eran tan pesados que no podía caminar en línea recta. A los 7 años, empezó a trabajar en los campos plantando, cultivando y cosechando. A los 7 años, empezó a recoger leña para cocinar. A los 7 años, empezó a cocinar para toda la familia usando fuego. No había cocina eléctrica, y tenía suerte si llegaba la electricidad para la iluminación una vez a la semana. Comenzó la escuela primaria a los 8 años y abandonó la escuela secundaria a los 13 años.

Se mudó a Estados Unidos con su familia cuando tenía 17 años. No hablaba inglés, fue directamente a la escuela secundaria, y comenzó a aprender inglés en clases llamadas Inglés como segundo idioma (ISI). Ya que él no hablaba nada, el inglés ciertamente no era su tema favorito. A los 20 años, podía hablar algo de inglés. Luego usó el método que estoy a punto de compartir contigo para mejorar su fluidez, y seis meses más tarde, convirtió su inglés promedio en un inglés fluido. En las siguientes sencillas prácticas, transformó su inglés en uno tal que las personas que no lo conocían pensaban que era su lenguaje nativo.

Increíble, ¿verdad?

Y aquí está la mejor parte: Este chico de campo, que abandonó la escuela, que comenzó a los 20 años y que tras seis meses logró hablar exitosamente inglés como un nativo, ¡NO tiene ningún talento especial! Es una persona normal que encontrarías en el campo o en la calle.

Esta persona que dejó la escuela está hablando justo contigo. Esta persona soy yo.

Y sí, yo, Ken Xiao, un chico de campo, alguien que dejó la secundaria, un hombre promedio que comenzó a los 20 años, ahora puede hablar Inglés como un nativo.

La única razón por la cual estoy presentando mi humilde historia aquí es por ¡inspiración! Porque aún con una historia como esta pude aprender a hablar inglés como un nativo. Y ¡Tú también puedes!

Lo que utilicé para hablar inglés como un nativo fue mi fórmula Myfluentenglish. Es una fórmula que he creado, mejorado y perfeccionado. Utilizando la misma fórmula, también aprendí a hablar otros dos idiomas como un nativo.

Si un chico de campo, que dejó la secundaria, que es un hombre promedio con ningún talento especial, que comenzó a los 20 años y a los seis meses pudo aprender a hablar inglés como un nativo, sí, mi amigo, tu también puedes. Vamos comenzar el viaje de seis meses hoy para lograr tus objetivos.

Por tu éxito,
Ken Xiao

Mi primera foto familiar tomada en 1983. Soy el niño de pie en la parte posterior.

2 — De un inglés promedio a un inglés fluido

Cuando tenía 20 años, podía entender algo de inglés pero no mucho. Mi vocabulario era muy limitado, mi acento era muy fuerte, pensaba primero en mi idioma y luego lo traducía a mi propia versión de inglés para hablar con la gente. El problema era que la gente no me entendía.

En resumen, mi inglés era malo.

Nueva York. No hablaba Inglés cuando llegué a Estados Unidos.

Encontraré un camino o haré uno
Hannibal

El deseo por cambiar (el máximo poder)

¿Qué tipos de trabajo podría conseguir si sólo podía hablar un inglés promedio, traducido, con un acento muy marcado? Esto me inspiró a empezar a buscar oportunidades para mejorar mi fluidez con el idioma.

Un día, vi un anuncio en la televisión y vi a un experto llamado Sr. Wang Inglés Fluido, quien garantizaba fluidez en inglés. Garantizaba que si eras principiante y tomabas sus lecciones por un año, tu inglés sería más fluido que quienes habían aprendido a hablar durante diez años. "¡Qué increíble!", pensé. Pero había un problema, el Sr. Wang Inglés Fluido sólo ofrecía clases particulares personales y yo no tenía dinero. Por cierto, una clase privada en aquel tiempo costaba $30 la hora.

Me preguntaba qué hacía el Sr. Wang Inglés Fluido para obtener ese tipo de resultados, pero no lo llamé ya que pensé que no me lo diría de todos modos. Entonces se me ocurrió que, "si él fue capaz de encontrar una manera de hacerlo, ¡yo también puedo hacerlo!"

Así que empecé a leer sobre fluidez del idioma en la biblioteca. Todos los libros que elegí fueron escritos por hablantes nativos, ya que pensé que debería aprender de los nativos. Había un montón de palabras que no conocía pero las busqué en el diccionario.

Después de leer unos 10 libros, hice un resumen de todas las estrategias en una lista de 10. Las estrategias eran algo así como "Escucha, escucha, escucha", "Lee, lee, lee", "Usa lo que has aprendido", "Construye tu vocabulario, " y así.

Empecé a aplicar estas estrategias y pude entender un poco más el inglés, pero las estrategias no me hicieron hablar mejor.

Así que seguí leyendo libros, y de nuevo, todos fueron escritos por hablantes nativos. Pero todos ellos decían más o menos las mismas cosas. Seguí leyendo y leyendo. Más o menos leí un total de alrededor de 60 libros, y de nuevo, todos los libros que elegí intencionalmente fueron escritos por hablantes nativos, y todos los libros decían casi las mismas cosas.

Las estrategias fueron ineficaces, así que intenté un enfoque diferente.

En lugar de escoger libros escritos por hablantes nativos, todos los libros que escogí en ese momento fueron escritos por hablantes exitosos no nativos que hicieron su inglés fluido. Cogí y leí unos 10 de ellos. Para mi sorpresa, todos los libros decían las mismas cosas que los 60 libros escritos por hablantes nativos EXCEPTO por una cosa - repetir lo que escuchas una y otra vez.

"Repite lo que escuches una y otra vez" no fue mencionado en absoluto en ninguno de los 60 libros escritos por los hablantes nativos.

De la lista de los 60 libros escritos por hablantes nativos, uno fue muy útil. Este libro no era acerca de cómo hablar con fluidez, en cambio, era sobre cómo tener éxito y el escritor era Tony Robbins. Me encontré con ese libro y titubeé por tres segundos si tomarlo o no. En el último momento, decidí tomarlo sólo para echarle un vistazo en caso de que hubiera algo útil. Para mi sorpresa, resultó ser un gran libro sobre cómo establecer metas y cómo llegar a ser exitoso. Hice un resumen de ese libro y los diez libros escritos por los hablantes no nativos exitosos y se me ocurrió una estrategia, una estrategia que luego la llamé Fórmula Myfluentenglish.

Una cinta que usé para practicar Inglés.

La oportunidad perfecta

En aquel momento tenía 20 años y vivía en la zona de Brooklyn en Nueva York. Todos los días tomaba el metro a Manhattan. El viaje duraba aproximadamente 40 minutos por cada trayecto. Caminar a la estación del tren desde donde vivía me tomaba 12 minutos y caminar de la estación de tren al trabajo me tomaba cinco minutos. En suma, un viaje de ida y vuelta me llevaba una hora y 54 minutos cada día. Eso creó una oportunidad perfecta para mí.

Llevaba mi walkman conmigo mientras caminaba al trabajo y de regreso a casa. Normalmente iba escuchando clases de inglés y, a veces, canciones, pero después de leer los últimos 10 libros escritos por hablantes no nativos y trabajar en mi estrategia, utilicé el Walkman para probar mi nueva estrategia: repetir lo que escuchaba una y otra vez.

Actuar

Durante estos trayectos, primero sintonicé una estación de noticias. Elegí la NPR, National Public Radio. Funcionaba muy bien durante los 12 minutos a pie hacia la estación del tren, pero una vez que entraba a la estación, la señal se perdía. Entonces, cuando llegué a casa por la noche, decidí grabar las noticias en una cinta para poder escucharlas en el tren al día siguiente. Después de eso, grababa nuevas noticias cada noche.

Empecé susurrando las noticias, pero luego empecé a decirlas con más fuerza. Los trenes del metro de Nueva York eran tan ruidosos como los truenos, ¡y gracias a eso! El ruido creaba la oportunidad perfecta para trabajar en mi estrategia – ni siquiera la persona sentada a mi lado podía oír lo que estaba diciendo. Así que practicaba durante todos los viajes en el tren.

Al principio, había un montón de palabras que no entendía, ¡pero las repetía de todos modos! Al principio, las noticias iban demasiado rápido para mí, pero repetía lo que escuchaba, incluso si no podía entenderlo completamente. A menudo, cuando había una palabra o frase que no podía decir, rebobinaba la cinta y la escuchaba de nuevo. Esta vez, sólo la escuchaba. Si todavía no podía decirla, rebobinaba la cinta de nuevo y escuchaba una vez más, hasta que podía decirla. Luego, repetía la palabra o frase una vez, dos veces, tres veces... hasta que podía decir correctamente la nueva palabra o frase. ¡Me ayudó mucho! La siguiente vez que escuchaba esa misma palabra o frase, ya podía decirla correctamente.

Seguir adelante

Tres meses después...

Decidí grabarme a mí mismo para ver cuánto había mejorado porque algunas personas (por lo menos tres) me habían dicho que hablaba bien inglés. Así que anoté algunas frases de conversación diarias y grabé mi voz diciéndolas. Para mi sorpresa, ¡HABLABA lo que había escrito con bastante fluidez! Todavía podía oír algo de acento pero el acento era mucho más ligero. En comparación con otros estudiantes de ISI, ¡mi inglés era mucho mejor!

Me emocioné mucho con los resultados y decidí ajustar un poco mi enfoque.

Lo primero que cambié fue grabar las noticias una vez por semana, escuchaba y practicaba el mismo inglés nativo por toda una semana. Al comienzo de la semana, casi siempre había algo que no podía decir. Al final de la semana, había dominado todo lo dicho en la cinta. Era capaz de recitar casi todo en la cinta incluyendo palabras, frases, tonos, flujo...

La siguiente semana, grabé una cinta nueva e hice lo mismo el resto de la semana. Lo hice durante un mes y dominé cuatro cintas de inglés habladas por nativos. En la quinta semana, volví a practicar las cintas de las cuatro semanas anteriores: una cinta por día. Los días restantes de la semana, practicaba con las cintas que más trabajo me costaban.

Después de un mes, había dominado cuatro cintas. Cada cinta era de 60 minutos de duración. Cuatro cintas eran 240 minutos de inglés de hablantes nativos.

El resultado

Tres meses después...

Como tal vez te imaginarás, me volví a grabar a mí mismo de nuevo y ¡los resultados fueron sorprendentes! Mi acento se había ido, mi voz era clara, mi pronunciación era la correcta, y mi flujo era suave. En otras palabras, mi inglés era fluido!

Fue un total de seis meses que había pasado practicando mi inglés, pero el resultado fue abrumador.

Después de hablar con un amigo por teléfono, mi amigo me preguntó inesperadamente, "¿Qué hiciste?". Le dije, "¿Eh? ¿Qué quieres decir?", Dijo, "¡Tu Inglés! ¡Es BUENO!" Podía oír que la palabra "bueno" le salió del corazón. La dijo con un tono que sonaba tan sincero que pude sentir la energía de su voz.

Dos de mis primos, ambos hablantes nativos, preguntaron: "¿Cómo es que TU Inglés es tan bueno pero el de tus hermanos y hermanas no lo es?"

El esfuerzo continuo

No me detuve allí. Durante los siguientes meses y años, continué usando mi estrategia cuando podía a pesar de que mi situación había cambiado.

Años después desarrollé una nueva estrategia que se llama Garganta Abierta (Open Throat), de la que hablaré en el siguiente capítulo. Cuando se habla inglés con la Estrategia de Garganta Abierta, el inglés suena completamente 100% nativo.

Cuando mi hijo estaba en primer grado, me invitó a leer a su clase como lector invitado. Su maestra estaba muy molesta porque yo parecía no poder hablar inglés, lo que significaría un desastre para su clase. Sin embargo, su maestra quedó sorprendida cuando hablé. Vi cómo sus ojos se abrieron durante cinco segundos seguidos acompañados de una larga sonrisa. La maestra observó en silencio mientras yo inspiraba a sus estudiantes a disfrutar del libro hablando con 100% de entusiasmo y con un inglés 100% nativo. Ella de repente sacó su cámara y comenzó a tomar fotos. Incluso me interrumpió preguntando si podía poner una foto en su boletín de la clase. Más tarde preguntó si podía participar más para ayudarla en sus actividades de clase.

3 — ¿Qué tan fluido? Una sola palabra: ¡Nativo!

Esta es una estrategia que más tarde desarrollé y que llevó mi fluidez al siguiente nivel, el de nativo. La llamé Garganta Abierta (Open Throat).

Al practicar, abre la garganta, habla con el diafragma, y lleva la energía desde tu estómago.

El flujo de energía y la manera de hablar marcan una gran diferencia. Para ello, debes abrir la garganta, dejar fluir el aire, y hablar con la energía desde tu estómago. Debes notar que tu estómago se endurece cuando hablas.

Por lo tanto, trae toda la energía desde el estómago, deja que el aire fluya desde los pulmones a través de tu garganta y habla con tu garganta abierta.

Después de que mi hija se unió a una clase de coro en la escuela, ella me dijo que su maestra le enseñó lo siguiente:

"¡Garganta abierta!"

¿Alguna vez has visto a alguien cantar con la garganta? Cuando alguien canta así se dice cantar con una "Garganta de Pollo (Chicken Throat)." Y no está nada bien.

¿Estás demasiado nervioso cuando hablas Inglés? ¿Eres demasiado tímido para hablar? ¿Estás utilizando Garganta de Pollo para hablar inglés porque estás nervioso o eres tímido porque tienes miedo de cometer errores y que otros se rían de ti?

Escúchame: El inglés es un idioma extranjero para ti. ¡Cometer errores al hablar un idioma extranjero es normal! En lugar de eso, abre la garganta cuando hables. ¡Abre tu garganta y utiliza la fórmula Myfluentenglish para hablar inglés como un nativo! Hazlo durante seis meses, y luego, cuando hables como yo, cuando hables inglés como un nativo, ¿quién se va a reír de ti?

Es en el momento de tomar decisiones donde el futuro se decide.
Anthony Robbins

4 — La fórmula para hablar como nativo

¡Aquí está la fórmula!

Se llama la Fórmula Myfluentenglish. Esta fórmula tiene 3 pasos.

Paso 1: Define tu meta

Paso 2: Actúa

Paso 3: Sigue Adelante

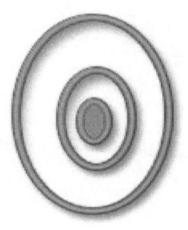

Decidir lo que quieres es como establecer un objetivo para que le puedas disparar.

Paso 1: Define tu meta

Definir tu meta es simplemente decidir qué es lo que quieres. ¡Felicidades! Ya decidiste lo que quieres. Al adquirir este libro, está claro que tu paso 1 es hablar inglés como un nativo (o al menos hablar con fluidez).

La palabra "decidir" se origina del griego y significa cortar algo. Una vez que hayas decidido qué es lo que quieres, cortas cualquier otra posibilidad para poder concentrarte sólo en lo que hayas decidido.

Tener claridad es poderoso. Cuanto más claro tienes lo que quieres, más preciso será tu cerebro para llevarte a lograr tu objetivo. Debes saber lo que quieres para poder saber exactamente a dónde ir.

Cuando usaba la Fórmula Myfluentenglish para aprender a hablar Inglés, decidí que quería hablar inglés con fluidez. Ya habiendo establecido el objetivo, empecé a trabajar para alcanzarlo. Trabajaba sólo en mi tiempo libre, pero con un objetivo en la mira, apuntando al objetivo y sabiendo exactamente a dónde ir.

Si decides hablar inglés con fluidez, ve a por ello. Si decides hablar Inglés como un nativo, ¡ve a por ello! Son objetivos muy claros.

Una vez que hayas decidido exactamente lo que quieres, es vital que continúes centrándote en tu objetivo. Eso es "concentrarse" en tu objetivo. La palabra clave es "concentrarse". El paso 1 es simplemente definir tu objetivo.

Tu objetivo es lo que quieres; lo que quieres es tu objetivo. Con esto en mente, ahora estás listo para tomar el paso 2.

Paso 2: Actúa

Una vez que hayas establecido tu objetivo, tendrás que sacar tu arco y flecha, apuntar y disparar. Ya sabiendo lo que quieres, sólo falta obtener lo que quieres. Para obtener lo que quieres, tendrás que pasar a la acción.

NO importa lo que PODEMOS hacer; importa lo que VAMOS a hacer. Una vez establecido el objetivo, para poder lograr resultados, hay que dispararle.

Ve lo que hice en estas dos situaciones:

1. Al poder hablar inglés como un nativo, obtuve un título universitario en Tecnología de la Información, tengo una licenciatura en Estudios Espaciales y vivo en Estados Unidos, una sociedad libre donde todo es posible.

Con todas estas habilidades potenciales, PUEDO hacer muchas cosas, pero si NO HAGO NADA, no pasará nada.

2. Si no tengo un buen inglés, no tengo dinero para clases particulares, ni tengo tiempo para aprender inglés.

Con todas estas restricciones, NO PUEDO hacer muchas cosas para hablar inglés con fluidez; pero si HAGO algo para hablar inglés con fluidez, todavía puedo lograrlo. De hecho, aún teniendo todas estas restricciones, hice algo que me ayudó a hablar inglés como nativo.

Las cosas no suceden por lo que seamos capaces de hacer; suceden por lo que HACEMOS.

Cuando tenía 20 años, yo sabía que quería hablar inglés con fluidez, y tomé medidas para mejorar mi inglés. Y LOGRÉ obtener excelentes resultados. Mi acción me consiguió exactamente lo que quería.

Por lo tanto, debes actuar para conseguir lo que quieres. Es literalmente ponerte en marcha para conseguir lo que quieres. Te mostraré las instrucciones de lo que debes hacer paso por paso.

Dispárale a tu objetivo. Para alcanzar tu objetivo, necesitas dispararle.

45

Paso 3: Sigue adelante

Una vez que hayas decidido lo que quieres y estés tomando medidas para hacer lo que quieres, sigue trabajando en ello. ¡Sigue hasta que lo logres!

Hablar inglés como un nativo es un trabajo que toma más de un día. Sigue tomando acciones día a día para llegar allí. Empieza poco a poco y sigue mejorando tu fluidez día a día.

Veamos este ejemplo. Si quieres levantar 300 libras, ¿podrías levantar 300 libras de un jalón? ¿Pero qué tal 3 libras? ¿Puedes levantar 3 libras? ¡Sí! Entonces puedes comenzar levantando 3 libras al día, día a día, todos los días. Aumentarás la cantidad de peso poco a poco, día a día. Antes de que te des cuenta, lo que parecía imposible antes, ya es posible. Has construido suficiente músculo para levantar 300 libras sin esfuerzo.

Cuando empecé a mejorar mi inglés, empecé haciendo una sola acción. Al día siguiente, hice una más. Seguí haciendo la misma acción día a día. Después de tres meses, ¡ya había conseguido suficiente fluidez y la gente empezó a decirme que mi inglés era bueno!

Seguí trabajando en mi fluidez poco a poco, día a día. Después de otros tres meses, empecé a hablar lo que parecía imposible antes: ¡un inglés fluido!

Si comienzas a construir tu fluidez en sólo un 1% al día y sigues haciéndolo continuamente, imagina cómo será tu fluidez seis meses después. ¡Lograrás haber construido suficiente fluidez para hablar un inglés que antes te parecía imposible!

Vamos a resumir la Fórmula Myfluentenglish. La Fórmula Myfluentenglish tiene tres pasos:
Paso 1: Definir tu meta
Paso 2: Actuar
Paso 3: Seguir adelante

La vida es una aventura atrevida o no es nada.
Helen Keller

Practicando Kung Fu. Practicar fue crucial en mi éxito.

5 — La palabra secreta

Ahora que sabes la fórmula, es el momento de aprender lo que debes de hacer para hablar inglés como nativo.

Veamos este ejemplo:
Quieres aprender Kung Fu para poder vencer a 10 personas. Has visto películas de Kung Fu y vídeos instructivos. También has visto cómo los maestros de Kung Fu vencieron a 10 personas. Conoces las habilidades que necesitas para vencer a 10 personas. Ahora imagina que estás frente a 10 personas. ¿Podrías vencerlas?

La respuesta es obvia. Si quieres vencer a 10 personas, el hecho de saber cómo no hará que lo logres. Para vencerlos, tienes que practicar Kung Fu. Tendrás que ejercitar tus músculos, endurecer los puños, estirar las piernas, mejorar tus patadas...

Necesitas estar mental y físicamente preparado para vencer a 10 personas. Para lograr esto, lo que hay que hacer es una sola cosa: **practicar**.

Lo mismo es aplicable a aprender inglés. Si deseas hablar inglés como nativo, el hecho de saber cómo hablar no te llevará allá; tienes que practicarlo. Quiero decir, literalmente, practicar hablar inglés, una y otra vez. Necesitas abrir la garganta, relajar la lengua, aflojar los músculos y controlar tu fluidez...

Necesitas estar mental y físicamente preparado para hablar inglés como nativo. Para lograr eso, lo que hay que hacer es una sola cosa: **practicar**.

Hay varios lugares donde puedes practicar. Te recomiendo que los utilices todos.

En el tren

Si tomas el tren para ir al trabajo, ¡felicidades! Espero que tu tren sea ruidoso para que puedas seguir exactamente todos mis pasos– porque si el tren es demasiado tranquilo, la gente te mirará extrañada. Cuanto practicaba en el tren, buscaba un asiento aislado para sentarme. Puedes hacer lo mismo. Encuentra un asiento solitario y practica tu inglés.

¡Debes hablar en voz alta! NO susurres, porque susurrando conseguirás un resultado diferente y ese NO es el resultado que quieres. En esta era digital, ¡estás de suerte! Puedes sacar tu teléfono celular, ponerte unos audífonos, y practicar igual que lo harías en una llamada telefónica. La persona sentada a tu lado pensará que estás hablando por teléfono.

En el autobús

Si tomas el autobús al trabajo, ¡felicidades! El autobús deberá no ser muy ruidoso, para no dañar tus oídos. Aún así, trata de hablar como lo harías normalmente, debido a que si susurras, obtendrás un resultado diferente. El susurrar entrenará a tu lengua y tus labios, pero no entrenará a tu garganta, diafragma, estómago, tono, volumen y flujo de aire. Recuerda: para que puedas hablar fluidamente, tendrás que practicar en otros lugares donde puedas hablar en voz alta.

En el auto

Este es, con diferencia, mi lugar favorito para practicar mi inglés. Se siente una gran libertad en el auto, y puedes hablar tan alto como quieras mientras practicas.

Cuando tuve la oportunidad de practicar en el auto, repetía todo lo que escuchaba. Ya que el auto era mucho más tranquilo que el tren y nadie estaba sentado a mi lado, subía el volumen y repetía todo lo que oía, exactamente con los mismos tonos, los mismos volúmenes, el mismo flujo, la misma velocidad y las mismas expresiones... exactamente todo igual. Además, podía usar mis manos para expresar mis sentimientos.

Siempre cerraba las ventanas para que la gente en la calle no pudiera oírme. De vez en cuando veía gente en la calle mirándome desconcertada. Hoy, estás de suerte. Cuando la gente en la calle te mira, ellos sólo pensarán que estás hablando por teléfono.

En resumen, cuando practiques en el auto, tienes que producir exactamente los mismos tonos, los mismos volúmenes, el mismo flujo, la misma velocidad y las mismas expresiones a toda velocidad. Quiero aclarar algo, me refiero a hablar a toda velocidad, no conducir. Así que conduce con cuidado.

En casa

¿Cocinas en casa? Yo lo hago. Empecé a cocinar para mi familia desde que tenía 7 años, así que soy muy bueno en eso. Incluso le enseñé a mi esposa a cocinar ya que ella nunca había cocinado antes de casarse conmigo. Cocinar me toma normalmente 10 minutos para el desayuno y 40 minutos para la cena. Eso son 50 minutos al día. Cuando estás cocinando, tu cerebro se despeja y es un momento perfecto para practicar. Este es un buen momento para ponerte tus audífonos y practicar.

Afuera

Las actividades al aire libre como correr, hacer footing, caminar, hacer excursionismo e ir de compras también pueden ser grandes oportunidades para practicar.

En el trabajo

Trabajé en Boeing Company durante dos años, solía trabajar en la fábrica de construcción de aeronaves. La fábrica era muy ruidosa, y todo el mundo tenía que usar tapones para los oídos en las zonas de ensamblaje. Utilicé esto como una excelente oportunidad para practicar. Me ponía mis audífonos de cancelación de ruido y practicaba tan fuerte como se me antojara y nadie me podía oír.

¿Es tu lugar de trabajo un buen lugar para practicar? ¿Cuántas horas trabajas al día? Si sabes aprovechar tus horas de trabajo, podrías acelerar tus resultados.

El guerrero exitoso es un hombre común con un enfoque similar al de un láser.
Bruce Lee

6 — ¡Hazlo bien!

Escoger cuidadosamente los materiales adecuados es la clave del éxito. Los materiales que escojas determinarán si hablas un buen Inglés, un mal inglés o un inglés regular.

Me gustaría que visualizaras esto:

La pronunciación del inglés británico y el inglés estadounidense son diferentes. Si quieres hablar como nativo, ¿de qué lugar te gustaría tener el acento? ¡No puedes mezclar dos acentos si quieres hablar como nativo! Debes elegir sólo UNO para aprender. Cualquiera de los dos está bien, pero hay que elegir UNO. Elige uno, quédate con ese, y deja al otro solo. Puedes volver a otro DESPUES de hablar uno como nativo.

En otras palabras, si quieres aprender a hablar inglés británico como un nativo, escoge TODOS los materiales en inglés británico. Del mismo modo, si quieres aprender a hablar inglés estadounidense como nativo, escoge todos los materiales en inglés estadounidense. Escoge un idioma, ¡y quédate con él!

Hay dos barcos que puedes elegir. Cada barco te llevará a un destino diferente, pero sólo puedes sentarte en un barco a la vez. Así que elige un barco y súbete a él.

Quieres hablar inglés como nativo, ¿verdad? ¡Escucha al experto! Elige uno. Puedes entender el otro perfectamente bien, pero para hablar como un nativo, debes escoger uno y sólo uno.

¿Recuerda lo que dijo Bruce Lee? ¡Concéntrate!

Si no estás concentrado, tu rayo láser no será lo suficientemente fuerte como para derretir la nieve, pero si te concentras, ¡tu rayo láser será suficientemente fuerte para cortar acero!

Tómate tres segundos para decidir qué acento aprender y luego continúa leyendo.

Ahora que has elegido tu idioma, es el momento de elegir los materiales adecuados. Piénsalo de esta manera:

Si eliges materiales en los que alguien está hablando inglés nativo, aprenderás a hablar inglés nativo.

Si eliges materiales en los que alguien está hablando inglés incorrectamente, aprenderás a hablar inglés incorrectamente.

Si eliges materiales en los que los hablantes nativos hablan inglés en situaciones de la vida real, aprenderás a hablar en situaciones de la vida real.

Si escoges materiales en los que los hablantes nativos hablan inglés en situaciones poco realistas, entonces aprenderás a hablar un inglés poco realista.

…

Recuerdo escuchar una cinta en la que alguien le presentaba un amigo a otra persona. La conversación iba así:

"Mr. Wong, this is Mr. Chen, Bill Chen. Mr. Chen, this is Mr. Wong, Dan Wong."

"How do you do?"

"It's my pleasure to meet you."

"Me, too!"

Esta conversación de una vieja lección grabada era gramaticalmente perfecta en inglés, y las personas que participaron en la conversación eran hablantes nativos. Sin embargo, ¡esto está mal! ¡Muy mal! Los hablantes nativos no hablan de esa manera. Hablar así hace que la gente se sienta rara e incómoda, y el ambiente se llena de restricciones. Esencialmente, la conversación no es natural.

En el mundo real, la conversación sería así:

"Dan, meet Bill!"

"How's going, Bill?"

"How's going, Dan?"

Observa el "How's going" pero no el "How's it going?" Esta es una conversación real que los hablantes nativos usan cuando conocen a nuevas personas. Se trata de una conversación casual e informal en la que los hablantes nativos se sienten cómodos al participar.

Así que si tienes lecciones de libros de texto de instrucción de inglés o grabaciones que no son realizadas por hablantes nativos o no son acerca de las situaciones de la vida real, apártalas. Escoge algo que la gente realmente utilice.

Escoge estos materiales:

— Todos los materiales realizados sólo por hablantes nativos.

— Todo el inglés debe ser hablado naturalmente en situaciones de la vida real.

— Escoge todos los materiales en UN acento: Inglés británico O inglés estadounidense.

— De nuevo, aprende UN lenguaje y sólo uno. Cualquiera está bien.

Aquí hay algunos buenos materiales para usar:

• ¡Noticias! Sí, ¡noticias! Dos buenos ejemplos son la BBC y NPR News. Estas son situaciones de la vida real reportadas en Inglés directo, claro y fácil de entender.

• Sitios para aprender inglés británico, BBC Learning es una excelente elección. Aquí está el link http://tinyurl.com/qqq3333. Para Inglés estadounidense, Voice of America Learning es excelente. Aquí está el link http://tinyurl.com/qqq3334.

• ¡Audiolibros! Esta es, con diferencia, mi fuente

favorita para escuchar historias con mucha acción. En ellos, puedes entender palabras del vocabulario rápidamente. Coge TODOS los audiolibros escritos por escritores nativos y leídos por hablantes nativos. Puedes obtener una copia gratuita de alguno de estos libros en Amazon. Entra a http://tinyurl.com/qqq3335.

- Películas. Con imágenes, las películas son fáciles de entender.
- Otros materiales que encuentres, siempre y cuando estos hayan sido realizados por hablantes nativos en situaciones de la vida real.

7 — Esta es tu verdadera herramienta

Cuando practicaba inglés, no gasté ni un centavo. Usaba un Walkman y un par de audífonos baratos que ya tenía.

Hoy en día, puedes utilizar tu teléfono celular y un par de audífonos baratos. Si no tienes un teléfono celular, está bien. Puedes utilizar un reproductor MP3 u otros dispositivos de reproducción de audio.

Cuando practicaba en los vagones del metro, éstos eran tan ruidosos que subía el volumen con el fin de escuchar lo que estaba sonando. Recuerdo muy claramente que subí el volumen hasta el 10 y el volumen más alto en ese Walkman era 10. En las zonas ruidosas, un par de audífonos con cancelación de ruido eran una buena elección, ya que subir el volumen demasiado alto puede dañar tus oídos.

Hay dos nuevos tipos de audífonos disponibles actualmente. Uno de ellos son los audífonos antiruido exterior, y el otro son los audífonos de aislamiento. Estos audífonos son buenos sólo para zonas ruidosas. Lo mejor es usar audífonos normales o nada.

Los audífonos antiruido exterior filtran lo que no quieres oír y te deja escuchar lo que quieres oír a un volumen bajo. Los audífonos detectan el ruido exterior y generan ondas de sonido en la frecuencia opuesta, aplanando el ruido exterior, por lo que será inaudible para ti.

Tengo un par de audífonos Audio-technica que compré en Amazon. Estos audífonos pueden bloquear aproximadamente el 70% del ruido de fondo, haciendo el audio lo suficientemente claro como para mantener un volumen bajo incluso en zonas ruidosas. También revisé un par de audífonos Bose de alta calidad que eran supuestamente mejores en cuanto al rendimiento. Según la información del manual, los audífonos pueden bloquear aproximadamente el 90% del ruido de fondo. Sin embargo, estos audífonos cuestan tres veces más que los audífonos Audio-Technica. También he probado un par de audífonos de gama baja que tenía un compañero de trabajo en Boeing. El precio era de $30 más barato que los audífonos Audio-Technica, pero la calidad era mala. Sólo bloqueaba alrededor del 40-50% del ruido de fondo.

Los audífonos de aislamiento son pequeños, ligeros y fáciles de usar. Son buenos para actividades al aire libre. Estos audífonos son, con diferencia, más baratos que los audífonos con cancelación exterior.

Utiliza estos audífonos contra el rudio o audífonos de aislamiento SÓLO si absolutamente los necesitas. Puedes practicar mucho mejor sin audífonos o con un par de audífonos normales porque puedes hablar mucho mejor si puedes escuchar lo que dices.

La naturaleza ha puesto a la humanidad bajo el gobierno de dos soberanos: el dolor y el placer. Ellos solos han de señalar lo que se debe hacer.

Jeremy Bentham

8 — Las instrucciones paso a paso ¡Hagamos que hables como nativo!

Vamos a resumir. La Fórmula Myfluentenglish tiene tres pasos:

Paso 1: Definir tu meta

Paso 2: Actuar

Paso 3: Seguir adelante

Con respecto a todos los actos de iniciativa y creación existe una verdad elemental — que en el momento en el que uno se compromete con uno mismo, la divina providencia también lo hace.

William Hutchinson Murray

Demos el paso 1: ¡Define tu meta!

Si hay una cosa que debes tomar de este libro, es esto.

Sí. Esto es lo más importante de todo este libro. Continuemos.

El paso uno es definir tu meta.

Establece una meta sólida, una meta de piedra, una meta de hierro, una meta fuerte..., una meta que te MANTENGA, una meta que te HAGA ir hacia adelante, una meta que mantenga vivo tu deseo de hacer que hables inglés como nativo.

Hay dos vías eficaces para fijar tu meta: la inspiración y la desesperación.

Para mí fue fácil. "Qué tipo de trabajo podría conseguir si sólo podía hablar un inglés mediocre, traducido, con un acento marcado." ¡Eso fue todo! No quería trabajar en un restaurante toda la vida. Mi tío ya me había encontrado un trabajo como asistente de chef en el restaurante donde trabajaba. Para mí, fue la desesperación: si no hubiera hecho algo con mi inglés mediocre, estaría haciendo este trabajo por toda la vida. Pero mejorando mi inglés hasta hablarlo con fluidez me permitiría conseguir un trabajo de oficina y vivir una vida mucho más cómoda.

Esa fue una razón que, aunque pueda parecer pequeña, fue lo suficientemente fuerte como para empujarme hacia adelante. ¿Cuál es la tuya?

Estos son algunos ejemplos de inspiración:

"Tengo una formación mucho mejor que la de Ken. Si él fue capaz de hablar inglés como nativo, yo puedo lograrlo. VOY a lograr hablar como nativo. ¡Tomaré las medidas necesarias ahora!"

"Si Ken, un chico de campo, que dejó la secundaria y comenzó a los 20 años, pudo hablar Inglés como nativo,

¡definitivamente yo puedo hablar Inglés igual! VOY a lograr hablar inglés como nativo en seis meses!"

Estos son algunos ejemplos de desesperación:

"Si sigo hablando inglés así, voy a estar haciendo este trabajo toda la vida. PERO si hablo inglés como nativo, voy a vivir una vida cómoda."

"Si no hablo inglés como nativo, nunca voy a conseguir ese trabajo que deseo. PERO si hablo como nativo, no sólo voy a conseguir ese trabajo, tendré suficiente dinero para salir de este apartamento y comprar esa casa en la cima de la colina ".

Para hacer que la desesperación funcione, es necesario tener dos cosas: la primera, el dolor de no poder hablar inglés; y la segunda, el placer que obtendrás si lo llegas a lograr. Cuando tengas estas dos cosas, podrás lograr tu objetivo muy bien.

Utiliza lo que sea que se te ocurra para inspirarte...

Utiliza lo que sea que necesites desesperadamente...

......

¡Anota tu meta! Sí, anótala. ¡Anota tu objetivo y ponlo en algún lugar que veas CONSTANTEMENTE!

Escribe tu objetivo y míralo tantas veces como sea posible.

Yo anoté mis objetivos y los coloqué en el techo de mi habitación justo encima de mi cama. También puse una copia en la pared al lado de mi cama y una en mi escritorio. Otro sitio en el que guarde una copia fue en mi billetera.

¡La cuestión es que mires tu objetivo tan frecuentemente como sea posible para recordarte que tienes una meta que lograr!

80/20

Esta es la regla de oro para el éxito: el 80% de tu éxito depende de tu meta, y el 20% de tu trabajo.

Una vez más, si sólo hay una cosa que debas tomar de este libro, es esto. Esto es lo más importante para el éxito. Si tienes tu 80%, hay un montón de maneras diferentes para llegar allí. Sin tu 80%, ¿qué vas a hacer con el 20%?

……

Un hombre fue despedido de su empresa. Estaba TAN enojado que abrió una empresa para competir con la empresa que lo despidió.

El hombre fijó una meta, y luego trabajó hacia esa meta, y en tan sólo unos pocos años venció a la empresa que lo despidió. Su compañía hoy vale $112 billones.

El nombre de este señor es Thomas Watson y la empresa es IBM.

……

Un hombre fue despedido de su empresa. Se propuso la meta de abrir su propio negocio. Así que envió una solicitud y su plan de negocios a un banco para pedir un préstamo de 100.000£. El banco le pidió que enviara 16 copias de su plan. Se emocionó y les envió las 16 copias de su plan. No volvió a oír del banco, por lo que los llamó y esto fue lo que le respondieron:

"Nunca le quisimos prestar el dinero. Le pedimos 16 copias de su plan para mostrarles a nuestros empleados un ejemplo de un mal plan".

El hombre trató con otros ocho bancos y todos se negaron a prestarle el dinero. Con su meta fija en la mente, trató con un noveno banco, y obtuvo el préstamo. El banco le dijo que su plan era un mal plan, pero el préstamo fue aprobado debido a que el agente de crédito iba a retirarse en dos semanas, así que no le importaba si luego pagaba o no el préstamo.

El hombre estableció su negocio, y con esa meta en mente, fue un éxito increíble. Pagó el préstamo en su totalidad y vendió su negocio de 47 millones de £. La empresa que compró su negocio fue WH Smith, la empresa que lo despidió.

El nombre de aquel señor es Tim Waterstone y la empresa que abrió es el imperio de librerías británicas, Waterstones.

....

Lo diré una vez más.

Si sólo hay una cosa que debas tomar de este libro, es esto.

Sí. Esta es la cosa más importante de todo este libro.

Si no has leído mis antecedentes todavía, léelos ahora. Porque con una historia humilde como la mía pude establecer una meta y conseguir hablar inglés como nativo exitosamente, piensa en esto: ¡sí, sí se puede!

Para mí, había una razón muy simple que me hizo fijar una meta y que me empujó hacia adelante para aprender a hablar como nativo. Mientras más razones puedas encontrar, mejor. Si sólo puedes encontrar una razón, es más que suficiente. Encuentra una razón fuerte por la cual debas lograrlo. Encuéntrala. Ahora, establece tu meta.

En lo profundo del hombre habitan aquellos poderes dormidos; poderes que lo asombrarán, que nunca soñó poseer; fuerzas que revolucionarán su vida si son despertadas y puestas en acción.
Orison Swett Marden

Demos el paso 2: ¡Actúa!

Para hablar inglés como nativo, necesitas aprender de ellos, pero la clave está en cómo aprender. En este paso, te mostraré cómo.

¿Recuerdas el ejemplo de Kung Fu que mencioné antes? Si quieres ser bueno en Kung Fu, tendrás que practicar Kung Fu. Si quieres ser bueno en inglés, tendrás que practicar inglés.

Entonces, ¿cómo aprenderás de los nativos? Practicando.

Voy a mostrarte nueve acciones para deshacerte por completo de tu acento y para que puedas hablar inglés como nativo. Así que ten tu reproductor de MP3 o tu teléfono celular listo. Ponte los audífonos si es necesario. Ve a uno de los siguientes enlaces para descargar un material de estudio nativo.

Para inglés estadounidense, descarga este: http://tinyurl.com/qqq4444

Para inglés británico, descarga este: http://tinyurl.com/qqq4445

Sólo escribe cualquiera de esos enlaces en tu navegador y el material de estudio nativo se descargará automáticamente a tu computadora. Recuerda, descarga sólo uno y deja el otro a un lado.

Ahora vamos a tomar la acción 1.

Acción 1: Escucha y repite al mismo tiempo

Escucha este audio y repite inmediatamente lo que escuches. Quiero decir inmediatamente. Justo en el momento en que lo escuchas.

Me gustaría hacer hincapié en la importancia de esto. Cuando escuches el comienzo de una frase, repite el comienzo de la oración. Cuando escuches la mitad de una frase, repite la mitad de la frase. Cuando escuches el final de una frase, repite el final de la frase. Cada vez que escuches algo, repítelo inmediatamente.

En otras palabras, repite lo que escuches tan pronto como sea posible. Lo que estás haciendo con esto es construir de forma natural tu fluidez. Estás haciendo esto para entrenar a tu cerebro, boca, lengua, labios, garganta, pulmones, estómago... ¡y todo lo necesario para hablar inglés con NATURALIDAD sin primero traducirlo! Así que sólo di lo que escuches inmediatamente. Deja que el significado, gramática, vocabulario... y todo lo demás se construya inconscientemente.

Al principio de tu práctica, si escuchas palabras que no sabes cómo decir o palabras que son difíciles de decir, está perfectamente bien. Sólo trata de decir las palabras o simplemente haz un ruido y sigue adelante.

Acción 2: Termina de repetir todo el material

Escucha y repite todo el material desde el principio hasta el final. Si tienes que hacer una pausa, hazla. Cuando regreses, comienza desde donde lo habías dejado. Lo que estás haciendo aquí es construir tu flujo, al decir frases enteras en lugar de sólo palabras, así que repite todas las oraciones y todo el material desde el principio hasta el final.

Una vez más, si encuentras algo que no puedas decir correctamente o no puedes decir, está bien - simplemente haz algo de ruido y sigue adelante. Recuerda, incluso si hay palabras que no puedas decir, sigue adelante. Continua hasta el final.

Acción 3: graba tu voz

Sí, graba tu voz mientras practicas con este material de estudio nativo. Esto es crucial. NO omitas esto.

Ahora ya sabes cómo poner en práctica la estrategia de repetir y ya has repetido este material al menos una vez. En este punto, necesitarás grabar tu propia voz repitiendo este mismo material. Así que encuentra un dispositivo de grabación como tu computadora, otro teléfono celular u otro dispositivo de grabación.

Por cierto, necesitas ponerte un par de audífonos para escuchar el material de estudio nativo esta vez para que puedas grabar tu voz con claridad. Así que escucha el material de estudio nativo con los audífonos en esta ocasión. Encuentra un dispositivo de grabación como tu computadora, otro teléfono celular u otro dispositivo de grabación y graba tu voz haciendo lo siguiente:

Graba tu voz diciendo todo el material desde el principio hasta el final.

Repite todo lo que sepas cómo decir y haz algún ruido en todo lo que no sepas cómo decirlo. Haz lo mejor posible y sigue adelante.

Recuerda que debes continuar hasta el final. Guarda el archivo de voz y déjalo ahí. Lo escucharás más tarde.

Acción 4: Termina de repetir todo el material una vez y luego otra

Por tercera vez, escucha y repite el mismo material desde el principio hasta el final. Necesitas mantener tu flujo activo - repite las frases completas y todo el material. Repite todo lo que sepas cómo decir y haz ruido en todo lo que no sepas cómo decirlo. Sólo haz lo mejor posible y sigue adelante hasta llegar al final.

Acción 5: Regresa y repite Las palabras que no puedas decir tantas veces como sea necesario

Ahora que has escuchado y repetido este único archivo tres veces y lo conoces, es hora de escuchar y repetir lo mismo una vez más. Sin embargo, esta vez, ve directamente a las palabras que no puedas decir de inmediato. Así que escucha el material de estudio nativo con tus audífonos en esta ocasión. Trata de decirlas y escúchalas de nuevo. Intenta una vez, dos veces, tres veces.... Intenta tantas veces como sea necesario hasta que puedas decirlas correctamente.

Acción 6: Termina de repetir todo el material N número de veces

Ahora que ya sabes cómo decir cada palabra de este material de estudio nativo, es hora de practicar todo de nuevo. Desde el principio hasta el final, practica diciendo lo que escuches todas las veces que sea necesario. Asegúrate de practicar el flujo, tono, volumen, expresiones y velocidad... Trata de practicar todo.

Practica este material de estudio nativo todas las veces que sea necesario hasta que puedas decirlo de forma natural.

Acción 7: Graba tu inglés

¡Felicitaciones por haber llegado tan lejos! Ahora es el momento de grabar tu voz de nuevo repitiendo el mismo material de estudio. Saca el dispositivo de grabación y grábate tu mismo repitiendo el mismo material que has estado practicando. Guarda tu archivo de voz.

Ahora es el momento de comparar tus grabaciones. Escucha la primera grabación y luego escucha la segunda. ¿Qué te ha parecido tu inglés al principio? ¿Qué te parece ahora? ¿Oyes alguna mejoría?

Si no oyes ninguna mejoría, está bien. Puede que este material de estudio no sea una buena opción para ti o puede que seas demasiado bueno para este material de estudio. Pasa a la acción 8.

Si notas alguna mejoría, felicitaciones, ESTÁS hablando mejor que antes. ¡Aún podemos hacerlo mejor que esto! Sigue adelante.

¿Tu inglés es tan bueno como el del que está hablando? Si tu inglés es tan bueno como él, ¡buen trabajo! ¡Estás empezando a hablar como un nativo! ¡Sigue así! Vamos a pasar a la acción 8.

Acción 8: Encuentra un material apropiado y realiza las acciones desde la 1 hasta la 7

En primer lugar, califiquemos este material de estudio. Elige uno de los siguientes. Me parece que este material de estudio es:

1. Muy lento.
2. Perfecto.
3. Muy rápido.

Opción 3: Muy rápido. Si has elegido la 3, ¡Felicidades! ¡Esto es normal! Ve a uno de los siguientes enlaces, escoge un material de estudio diferente a una velocidad más lenta, usa el nuevo material de estudio y haz desde la acción 1 a la 7 de nuevo.

Velocidad más lenta para inglés estadounidense: http://tinyurl.com/qqq4446

Velocidad más lenta para inglés británico: http://tinyurl.com/qqq5551

Opción 2: Perfecta. Si has elegido la 2, ¡Felicidades! ¡Ya casi lo logras! Estarás hablando como nativo muy pronto. Ve a uno de los siguientes enlaces, elige un material de estudio diferente a la misma velocidad, utiliza el nuevo material de estudio y haz desde la acción 1 a la 7 de nuevo.

Velocidad media para Inglés americano: http://tinyurl.com/qqq4447

Velocidad media para Inglés británico: http://tinyurl.com/qqq5552

Opción 1: Demasiado lento. Si has elegido la 1, ¡felicitaciones! Tu velocidad de Inglés es muy buena. A menos que realmente quieras hablar más rápido que un hablante nativo promedio, vuelve a la opción 2, escoge un material de estudio diferente, utiliza el nuevo material de estudio y haz desde la acción 1 a la 7 de nuevo. Si todavía quieres hablar más rápido que un hablante nativo promedio, ve a uno de los siguientes enlaces, escoge un material de estudio diferente a velocidad ultra rápida, utiliza el nuevo material de estudio y haz desde la acción 1 a la 7 de nuevo.

Velocidad ultra rápida para inglés estadounidense: http://tinyurl.com/qqq4448

Velocidad ultra rápida para inglés británico: http://tinyurl.com/qqq5553

Dame una escalera lo suficientemente alta y un punto de apoyo, y sin ayuda, moveré el mundo.
Arquímedes

Demos el paso 3: ¡Sigue adelante!

¡Sigue dando el Paso 2! ¡Este es el paso 3! Continúa haciendo las acciones, desde la 1 a la 8. Así es como se le da seguimiento al estudio para lograr los resultados que has estado esperando.

Una vez al mes, vuelve a los materiales de estudio anteriores y practica de nuevo. Esto es para solidificar la retención. Vuelve a ellos y practica de nuevo. ¡Esto le ayudará a tu cerebro y cuerpo a memorizar y hablar de forma natural!

Aquí hay algo para emocionarse: Al tomar las acciones de la 1 a la 8, el cerebro, naturalmente, procesa la pronunciación, gramática, flujo de la frase, velocidad, tono, vocabulario... y todo lo necesario para que hables como nativo en lo que sea que practiques. Como resultado, sabrás exactamente la pronunciación correcta de las palabras en inglés, sabrás exactamente cuándo empezar, cuándo hacer una pausa y cuándo parar, sabrás exactamente qué decir más alto y qué decir más suave, sabrás exactamente cuándo hablar más rápido y cuando más lento... al igual que harían los hablantes nativos.

¡Este paso te traerá los resultados que has estado esperando! Si hay una palabra para describir este paso sería: "persistencia". Sigue trabajando en tu fluidez sobre lo que llevas para lograr lo que quieres.

Por cierto, aquí te va un recordatorio: ¡Garganta abierta!

¡Eso es! ¡Sigue adelante y LO LOGRARÁS!

La razón guía sólo una pequeña parte del hombre, y el resto obedece a los sentimientos, verdaderos o falsos, y a la pasión, buena o mala.
Joseph Roux

9 — Tu camino al éxito

Dato curioso:

El uno por ciento (Sí, 1%) de las personas que compran libros de idiomas siguen las instrucciones de los libros y tienen éxito. El otro 99% deja los libros y buscan otros libros o no hacen nada.

¿Vas a ser del 99% o del 1%?

El éxito que tengas dependerá de ti. Seguir las instrucciones paso a paso en este libro te dará un buen comienzo, Y la persistencia te dará el éxito. Date la oportunidad de tener éxito tomando acciones y dándote el tiempo para tener éxito. Ahora, ¡sigue mi Fórmula Myfluentenglish comprobada y toma acciones para obtener los resultados que quieres!

Lo que debes hacer es tomar acciones hoy. La palabra clave es hoy. Copia mi fórmula hoy y sigue exactamente el mismo proceso que yo seguí. Comienza desde hoy – quiero decir hoy, ahora mismo. Haz exactamente lo que yo hice antes. Toma una acción para iniciar la construcción de tu fluidez hoy.

Sólo tienes que empezar con algo pequeño y seguir construyéndolo.

¿Puedes levantar 100 kg? Es demasiado pesado para la mayoría de nosotros. ¿Puedes levantar 2 kg? Sí, si puedes. Vamos a empezar levantando 2 kg hoy, 3 kg mañana, y seguiremos añadiendo. Al hacer esto, los músculos continuarán creciendo, y antes de que te des cuenta, ¡ya habrás construido músculos lo suficientemente fuertes como para levantar sin problemas un peso que antes parecía imposible!

Yo comencé a los 20 años y tardé seis meses. Sí, yo, un chico de campo, un chico que dejó la secundaria, sin ningún talento especial, yo pude aprender a hablar Inglés

como nativo, mi amigo, sí, ¡Y tu también puedes!
¡Pasa a la acción ahora y sigue practicando!
Recuerda, ¡tu puedes hablar como nativo!

¡Siga practicando y usted *hablará* como un nativo!

CPSIA information can be obtained
at www.ICGtesting.com
Printed in the USA
LVHW03s0204270818
588239LV00011B/252/P